保育が変わる
信頼をはぐくむ
言葉とかかわり

須賀義一
保育士おとーちゃん

東洋館出版社

はじめに

これまで現場の保育者の声をたくさん聴いてきました。

「子どもの主体性を大切に、子どもを尊重した保育を……と求められるけど、どうすればそれができるのか、どうやればいいのか教えてくれる人はいません」

「周りの保育士は子どもとうまくやっているのに私はできていません。私は保育士に向かないのでしょうか」

「子どもが言うことをきかないのはあなたが甘いから、なめられないようにもっと毅然《きぜん》としなさいと言われるのですが、その先輩たちがしている保育がいい保育には見えません。とはいっても、私が子どもをうまく動かせないのも事実なので……」


保育や子育てに正解はないとよく言われます。

しかし、だからといってなにをしてもいいわけではありませんし、場当たり的ですむものでもありません。保育における具体的な実践方法が現場の保育者から求められています。

冒頭の声はどれも、子どもと保育士が信頼し合えているかどうか、という点が根っこにあります。この本では、信頼関係を築くことを目指し、こういうときにはこうかかわってみるといいですよという方法を具体的に書いていきました。同時に、その際の子どもの見方や対応する姿勢もあわせて示しています。というのも、保育は人が人にかかわる仕事なので、保育者のスタンスがとても重要になるからです。

また、保育は不適切な「当たり前」の入りやすい仕事でもあります。

社会問題にもなっている保育士による虐待は、不適切な保育の最たるものですが、一般の子育てでは普通に使われる方法も、保育としては不適切な方法がたくさんあります。適切な方法を手応えあるスキルとしてもつことで、保育者が自信をもって子どもにかかわることができるようになっていくはずです。

目の前の保育がうまくいかないことから、自己否定になってしまう人は多いです。

しかし、保育について悩むこと、僕はそれ自体とてもいいことだと思います。

保育や自分自身のかかわりに対して問題意識をもちつづけることが、保育者として成長していくためには欠かせないからです。

しかし、出口の見えない悩みはしんどいものなので、本書がその手助けになればと願っています。

保育が変わる　信頼をはぐくむ言葉とかかわり　目次

第1章 信頼をはぐくむ保育のきほん

第2章 保育の見え方が変わる

第3章

注意したい言葉たち

第4章

気になる子への伝え方

第1章

信頼をはぐくむ保育のきほん

信頼関係という言葉は保育の中で山ほど使われています。ですが、みなさんは先輩などから、

「信頼関係とはこれこれこういうものです。こうすることでこのようにできていきますよ。だからこういうポイントを大切にかかわってみてください」

のように伝えてもらったことがあるでしょうか。または、いま後輩に伝えることができるでしょうか。

僕は、実際に数百人の保育士の方たちにこの質問をしてきました。先輩や上司から明確にそれを教わったという人は、10人いたかどうかでした。


この章では、信頼関係とはどういうことか、どうすればはぐくむことができるのかを言語化していきたいと思います。

目指すのは安心

保育の目的とはなんでしょうか？

オムツをとること？　ご飯を残さず食べさせること？　静かにお話が聴けること？　友達と仲良く遊べること？　モノの貸し借りが上手にできること？

多くの人は、こうした「子どもが○○できるようにする」ことが保育なのだと、ついつい無意識のうちに思い込んでしまいます。現在の一般的な子育て観がそもそもそういう形になってしまっているからです。

実は、このフレーズには隠れている言葉があります。書き足してみるとこうなります。

「大人の介入で子どもが○○できるようにする」

子どもへのかかわりが、過保護、過干渉なものとなりがちなことが伝わってきます。具体的にはこのようなかかわり方として現れます。

・制止やダメ出しといった否定に類するかかわり

・子どもの良くない部分に注目し、指摘していくかかわり
・子どもに正しい行動を取らせようと干渉していくアプローチ
（圧迫的なものから、優しくコントロールするものまで）

保育の目標を「できること」に置くと、保育としての安定は遠のいてしまいます。

もし家庭や職場で、不機嫌さを醸《かも》し出している人がいたり、自分の行動にダメ出しをされるのではと常に顔色をうかがわなければならない人がいたらどうでしょう？

そうした空間で自分のパフォーマンスを十分に発揮できる人はほとんどいないでしょう。

子どもも同じです。安定してすごし、そこで成長のための経験を得ていくためには、周囲の大人への信頼、そしてそこから構築される安心という要素がとても大切です。

保育空間に安心感があれば、子どもはそこでくつろいだ自然なあり方で、自身の意欲や興味を発揮して、遊びにも生活にも取り組んでいきます。

つまり、保育の目的とは、保育者が目の前の子どもに干渉してその大人が考える正しさをもたせていくことではありません。個々の子が安心してその子らしいあり方で、ものごとに前向

きな興味や意欲をもち、取り組める環境や対人関係を構築し援助していくことなのです。

優しい支配に気をつける

誤解を恐れず言いきってしまうと、子どもとの関係には、支配のルートか信頼関係のルートのふたつしかありません。信頼のルートは、先ほどお伝えした安心から生まれます。支配のルートはどうでしょうか。

支配というと威圧的なかかわりをイメージするでしょう。それが良くないことはどの保育者もわかっています。気をつけたいのは、威圧的でない優しい支配です。

優しい支配とは、おだて、比較による誘導、釣り、おどし、ごまかし、疎外といったアプローチのかかわりです。

「○○できたらえらいな」（おだて）
「Aちゃんは○○しているよ、あなたはどうかな?」（比較による誘導）
「○○できたら、△△できるよ」（釣り）
「○○しないと、△△できないよ」（おどし）

「○○しないと、オバケが来るよ」（おどし）
「Aちゃんが来てほしいって言ってたよ」（ごまかし）
「○○しないと置いてっちゃうよ」（疎外）

このような優しい支配でコントロールしていくかかわりを安易に用いていけば、「コントロールしてもらわなければ行動しない子」を保育者が作っていくことになりかねません。

現実には多様な個性をもった子がおり、こうしたかかわりを使わないと日常生活をおくれないことはあるかもしれません。ただ、そうした個別のケースを除いても、優しい支配は子育て・保育の中であまりに多用されていて、それを使わない関係性が見えないという現実があることでしょう。

いまはまだできないととらえてみる

優しい支配を使わないと関係性が見えないことの根っこにあるのは、子どもを低くみなす価値観です。

「子どもはできないものだ。だから大人がやらせなければ」
「子どもはできないものだ。だから大人が手伝ってあげなければ」

強い支配を好む人は前者を、優しい支配を好む人は後者の立場にありがちです。
これは保育を考える土台となる「子どもという存在をどうとらえるか」、つまり子ども観の問題です。ここが安定的なものになっていないと、保育は迷走してしまいます。

たしかに、子どもはさまざまなことができない状態として存在しています。しかし、それは否定すべきものではなく、そういうあり方をしているわけです。そこをふまえると、子どもは「できない存在」ではなく、「いまはまだできないこともたくさんあるが、いずれできるようになる存在」となります。
「いまはまだ」という視点に立てば、できないことを否定的にとらえずにすみます。そして、目の前の子どものあるがままを信じてかかわることが可能になります。

これが保育者が本当に理解しておかなければならない、信頼関係の基礎です。信頼関係とは、「子どもが大人を信頼すること」以前に、「大人が子どもの成長発達をおおらかに信じられるスタンス」が必要なのです。

先に大人が子どもを信頼する

信頼関係とはよく言われますが、みなさんはどんなイメージをもっているでしょうか。一見、「子どもが大人を信頼すること」のように思えます。しかし、それは信頼関係の半分でしかありません。より重要なもう半分は、「大人が子どもを信頼すること」です。また順序も大切です。「大人が子どもを信頼すること」が先です。大人が子どもを信頼することで、子どもはその信頼を返すように大人を信頼します。

大人が子どもを信頼→子どもが大人を信頼→相互に信頼が構築される＝信頼関係

たとえば、腕を引っ張って誘導するなど子どもの行動に先立ってついつい干渉的に手を出してしまったり、「あぶないあぶない」などと子どもの行動を押さえるような声がけなどを普段から重ねていくと、子どもはその大人とのかかわりを信頼しなくなります。

なぜなら、大人の側に「この子は自分で正しい行動がとれないだろう」といった、子どもへの不信が隠れているからです。

では、大人が子どもを信頼するとはどういうことでしょう？

「子どもを大切に考える」「その子をかわいいと思う」「子どもは天才だと信じる」「愛情をもって接する」といった気持ちのファクターではありません。信頼は、成長への理解の上に構築されます。

成長への理解にはこのふたつがあります。

・経験からの理解
・知識としての理解

【経験からの理解】
たとえば、2歳のとき野菜をまったく食べられなかった子が、5歳になったとき、そんなそぶりはみじんもなく食べられるようになるといったケースを見ます。そこにあるのは時間的成長です。

こうした理解をたくさんもっていると、いまはまだできないその子の成長を「信じる」ことができるようになっていきます。

それは、「この子は必要なときにはできるようになる」という理解です。これはその子からすればそのまま「自分は信じてもらっている」と感じられます。

【知識としての理解】

自分自身の経験でなくても、保育の関連書籍や情報サイトなどから知識として蓄積することもできます。また研修などで触れる事例などからも蓄積できるでしょう。

こうした理解を重ねていくことで、子どものできない現状にとらわれず、おおらかに信頼してあげるという「子どもへの信頼のスタンス」が保育者の中に結実していくことでしょう。

「世間の子ども観」を乗り越える

世間一般の子ども観は、良くも悪くも子どもを低く見る感覚が強いです。

「悪くも」の方は見えやすいです。

「子どもは口で言ってもわからないのだから、叩いて育てるべきだ」

「子どもは叱られないとわからない」

などは、かつてあった価値観です。


対して、「良くも」は少し見えにくいです。

「子どもはできないのだから、手伝ってあげなければ」

「子どもは幼いのだから、ごまかさなければ」

「子どもは話しても聞かないから、怖がらせるくらいでちょうどいい」

こうした感覚は、体罰を正当化するようなあからさまなものとは違い、一見「親切」です。しかし、これも子どもを低くみなすところから出発しています。

こうしたスタンスから、ごまかしたり、モノで釣ったり、おばけやオニを持ち出して行動させるなどのかかわりが導き出されています。


保育者はこうした、子どもを低く見る感覚を乗り越えてほしいです。

子どもであっても、私たち大人と同じ一個の人格であることは変わりません。尊重されるべき一個の人格なのですから、小手先の技でコントロールしようとすることは不適切でしょう。

ここをふまえることで、互いに信頼し合う、本来保育が必要とする信頼関係がはじめて構築されます。

「世間の子育て観」を乗り越える

信頼関係にもとづいた保育を展開するためには、子育ての価値観も世間一般の感覚を乗り越える必要があります。「しつけ」の子育て観からは距離を置きたいです。

「しつけ」は、その動詞形である「しつける」が表しているように、「大人が子どもをしつける」ものです。つまり、大人の介入ありきで考えられており、そこに子どもの主体性は存在しません。

子どもが主体的に、経験したり、学んだりすることよりも、大人にとって正しい子ども像をいかに実現するかが重視されてしまいます。

「あるべき子どもの姿」を先に置いて、そこに子どもを当てはめるようにかかわっていくので、現状の子どもの姿へ否定の視線が向けられたり、多様な子どものあり方が許容できなくなったりします。

さらに、「しつけ」には子どもにかかわる大人への圧迫的な視点もあります。これが保育に限らず、子育てする人たちをしんどいものにする大きな原因となっています。

しつけが求める空気を言葉にすると、つぎのように表せると思います。

「あなたが、あなたの責任で、いますぐ、子どもを正しい姿にしなさい」

子育て当事者にとっては、このフレーズがワンセンテンスごとに、指を突きつけられるような空気です。

こうした空気の中で、保育や子育てを考えてしまうと、結果的に、子どもに「〇〇できる」「ちゃんと、きちんと、しっかり」を常に求めつづけてしまうことになります。

現代の保育は、すでにここを目指してはいません。

多様性を理解し尊重すること。さまざまな「〇〇できる」は子どもの主体的な興味関心、意欲、経験にもとづいてその子その子のあり方で獲得していくことが求められています。

「ちゃんと、きちんと、しっかり」を箱にしまう

保育実践が難しいのは、保育をする側もまた人である点です。

私たち保育者も、かつて子育てを受けた当事者であり、人によっては子育てをした、もしくはしている当事者でもあるでしょう。

たとえば、自身が食事の際にとても厳しく子育てされてきた人は、我が子や保育であずかる子どもに対しても、その子の食事の際のちょっとした失敗などにも激しい怒りの感情がわき起こるといったことがあります。

「しつけ」という子育て観が一般的な中で育ってきた私たちは、なかなかこうしたあり方と無縁ではいられないでしょう。

また、子どもを育てることにはジレンマがともないます。そのジレンマは山登りに似ています。登山では山の頂上がそこに見えるからといって、最短距離で進めば早く着くわけではありません。安全で確実な登頂には、遠回りしたり、ときにまったく違うと思える方向に進んだりすることが求められます。

大人の意識が、頂上ばかりを見てやっきになり、そこに向かわせようとするものであれば、干渉、介入により、「子どもの姿を作り出す」アプローチになってしまいます。それは時に、子どもの「できる」を作る保育者の満足感のための保育となりかねません。

そこで安定した保育をするためには、自分自身のもつこうした強い規範意識、「ちゃんと、きちんと、しっかり」と距離を置けるとラクになります。

実を言うと、僕自身もこうした強い規範意識によって保育が迷走した当事者でもあります。なんとか子どもに正しい行動をさせようと、やっきになって過干渉を繰り返しました。

しかし、それは子どもの成長にならないどころか、日々の保育の安定すら欠くことにしかなりませんでした。

大人が価値観を変えるのは容易ではありませんが、いったん保留することならば多少はしやすいようです。イメージとしては、自分が子どもたちに言いがちな「ちゃんと、きちんと、しっかり」を箱にしまってから保育室に入るといった感じでしょうか。

そうすることで、僕も目の前の子どもたちの姿、行動、失敗やできなさをおおらかに許容しやすくなり、結果的に子どもたちの安定や成長もムリのない形で見られるようになっていきました。

信じて待つ

「良くも悪くも低く見る子ども観、しつけの子育て観を乗り越えていくと、子どもの多様なあり方や成長への理解の上に、おおらかに信じ、互いの信頼関係にもとづいた「信じて待つ」保育がスタートできます。できなさや未熟さをもったあり方も成長の一過程とあたたかく見守り、その成長を肯定的に待つことができる保育です。

保育は配慮の積み重ねが大事ですが、「干渉しないこと」も配慮のひとつです。そこに無自覚でいれば、必然的に過干渉になります。

子どもになにか手助けするよりも、待つ必要がある場面で保育者が手を出さずにいられるような配慮を身につけていきたいです。

「するにも配慮。しないにも配慮」です。

信頼をはぐくむスキル①正直に言う

「子育てで大切なのはなんですか?」と聞かれることがあります。ひとつだけあげるとしたら「おおらかさ」と答えます。子どもを思う気持ちでも、優しさでも愛情でも、一生懸命さでもなく「おおらかさ」です。

なぜかといえば、子どもはおおらかさをもった大人のそばにいると安心し、くつろぎ、他者を信頼できるようになるからです。身近な大人がおおらかで機嫌よくすごしているのは、子どもにとってなにものにも代えがたいものでしょう。

保育としてそれを考えるときは、もう少し整理したいと思います。僕はそれを「開示された姿勢」と呼んでいます。

信頼すべき人が言葉や態度にうらおもてがなく、安定した感情や対応でいると、子どもは屈託なく安心して人を頼り、自分を出すことができます。

子どもに対して緊張感をもっている人、子どもが従ってくれなかったらどうしようとおっかなびっくりになっている人、子どもになになにをさせなければとかたくなになっている人、そうした状態にある人は、子どもからすれば心が開かれておらず、許容的、受容的ではなくなっています。

子どもは常に大人のことを信頼したい、信頼しようと思っていますが、許容的、受容的に心が開かれていない人のことは、信頼したくともできるものではありません。それは子どもに限らず大人だってそうでしょう。

子どもへの対応が適切で、子どもたちからもあつく信頼されている保育者を何人か知っています。その人たちに共通しているのが、この開示された姿勢の持ち主であることです。その人たちは子どもたちに猫なで声を使ったり、ご機嫌を取るようなかかわりをしたりしません。また威圧的な姿勢も出しません。

なぜそうしないかというと「子ども」として低く見ていないからです。子どもとして扱うのではなく、一人の人格としてとらえているからです。

その保育者たちは、困ることは困ると正直に伝え、イヤなことはイヤと正直に言います。そこには普段からの許容や受容、ベースになるおおらかで機嫌の良いあり方がともなっているので、子どもたちはその言葉を、コントロールのための言葉ではなく、人としての言葉と理解しています。

保育の世界にいると、しばしば「あの人（保育者）はうまい」「あの人だからできる」という言葉が聴かれます。

それはつまり、保育の力量がその人固有のものと考える傾向でしょう。こうした保育の属人性は乗り越える必要があると思うのです。

保育士は資格によって定められているのですから、保育の力量はスキルに還元できるものとして整備していくのが本来のあり方でしょう。

それを僕は「保育のスキル化」と呼んでいます。

ここで指摘した「開示された姿勢」は、これまで人格や性格、持ち味などと属人的に考えられがちであった保育者のあり方についてのスキル化のひとつです。

信頼をはぐくむスキル②モヤモヤを引き受ける

実は、「子どもの姿を作り出す」のは簡単です。

大人の介入や干渉、さまざまな支配、コントロールの手法を使えば、「姿を作り出す」ことはできるからです。

難しいのは「子どもを伸ばす」の方です。それはつまり「子どもを主体的に成長させる」ということです。保育に求められているのはこちらの方です。

たとえば、他児のモノをいつも取ってしまう1歳児がいるとします。そのたびに大人が介入し、注意や制止をしたり、他の遊具を渡して納得させるというアプローチは「子どもの姿を作り出す」かかわりになっています。

適切に子どもを成長させるには、介入、干渉を最低限にして、子ども自身が経験をして身につけていく必要があります。子どもの本当の成長を援助するために、保育者は介入したくなる気持ちを我慢して、必要に応じて見守れるようにしていかなくてはなりません。

そのためのスキルが「モヤモヤを引き受ける」です。

たとえばモノの取り合いでしたら、謝らせる、返させる、保育者が別の遊具を持っていって丸く収めるなどではなく、うまくいかない状況も含めてその過程を重視することです。

介入すれば正解を作り出せるので、大人はスッキリします。だからこそ、子どもの成長を考えるとき、見守る過程であえてモヤモヤを引き受けなければなりません。

もちろん、噛みつきが起こりそうなときなどの制止や介入を否定するものではありません。

それはそれで安全のための保育上の配慮といえます。しかし、基本的には子どもの主体的経験を第一にみなす必要があるでしょう。

モヤモヤを引き受ける姿勢がとれると、この子は自分の力でその成長に到達できると〝信じる〟ことができるようになります。この、大人が子どものことを信じるスタンスが信頼関係の本当のエッセンスです。

信頼をはぐくむスキル③自分の失敗を書きとめる

子どもをもっとも成長させるのは、その子自身が経験し、そこでの成功や失敗、またそれにともなう感情の動きを味わっていくときです。

失敗は成功の元だという言葉はみな知っていますが、「しつけ」の子育て観では、「失敗を未然に防ぐこと」が大人の役割だと考えられがちです。

たとえば、子どもたちが巧技台で遊んでいるとき、反対側からも子どもがやってきました。この場面、主体的な経験について理解が不十分だと「そっちから来るとぶつかっちゃうでしょ。

さあ、あなたもこちらからにしなさい」といった対応をしてしまいがちです。または、もっと単純に「あぶないあぶない」といった注意になってしまったり、その子を抱えて下ろしてしまったりなどもあるでしょう。

その子たちが自分たちでなんらかの行動を示せるのではと判断できるのであれば、介入したくなる気持ちをぐっと抑えて、危険のない範囲で見守ってみます。子どもたち同士でそうした状況での対応ができるようになり、自分で考えて行動できる余地が大きく育っていきます。

保育者がこの見守るスキルを獲得するためには、保育者自身にも失敗の余地を確保しておくことがとても大切です。

もし、保育上の意図をもって取り組んだけど思ったようにいかなかった、という経験があったら、ぜひそれを日誌などに書きとめてみてください。

こうした意図でこう取り組んでみたけど、実際はこれこれこのようになってうまくいかなかった、のように、ねらいや意図、配慮、そしてそこから起こったことをそのまま書きます。

こうしてうまくいかないプロセスを可視化しておくと、うまくはいかなかったけど変化が起こった姿、期待ほどではないがプラスの方向に進んでいる姿を時間を経た成長として実感できます。

子どものうまくいかない姿を見守るためには、自分自身のうまくいかない姿（＝失敗）からの成長を実感しないことには始まりません。

当たり前のことなのですが、うまくいかない姿があるから、うまくできるようになる姿があるわけです。失敗は否定すべきものではなく、「あるがままの現状」として受け止めていくことが、子どもに対しても保育者自身に対しても大切なことなのです。

ただ現実の問題として、子どもをうまくコントロールして「できる姿」を作り出すことが保育者の仕事だと考えているベテランが多いのも事実です。こうした価値観をあらためていくことも保育の課題として存在しています。

信頼を育むスキル④事実だけを伝える

食事のとき、子どもがコップにひじをぶつけそうだったり、テーブルから落としそうだったりという場面はよくありますね。そんなとき、みなさんはどうしているでしょう。親切心でコップを安全な場所に置き直していたりするのではないでしょうか。子どもの年齢、発達段階によってはそれが必要なこともありますね。

それよりもう少し発達段階が進んでいて、自分で考えられそうかなというとき、こんなアプローチをしてはどうでしょう。「〇〇さん、コップに手がぶつかりそうですよ」

これは指示をしていません。事実を伝えているだけのアプローチです。否定や制止の干渉ではなく肯定のアプローチを積み重ねていくことができます。

こうすることで、子ども自身が考えるプロセス、行動するプロセスが生まれる余地ができます。もし、この言葉を受けて、ぶつけないように気をつけようとする姿や落とさないところに置こうとする姿が見られれば、それは子どもが自分で考え行動した姿です。

事実を伝えても、子どもがなにも反応しないこともあるでしょう。それも悪いわけではありません。「ああ、いまはそういう発達段階にいるんだな」、もしくは「今日は自分で気にできない状況なんだな」とあるがまま受け止めておきます。その上で、保育者が落とさないところに置き直すというアプローチをしてもいいでしょう。

できない状況をあるがままとして受け止めることは、保育者にとってとても大切です。それができることで、子どもの成長を敏感に見て取れるようになります。

大人がたくさん親切になって、たくさん「やってあげる」ことを頑張らなくていいのです。なぜなら、子どもはひとりの自分で考え行動する主体として存在しているからです。

気にかけているけどどうすればいいかわからないという姿に接したときは、わかりやすく指を指しながら「ここに置くといいですよ」と最低限のアプローチをしてみます。このように考えておくと、過干渉にならず、子どもの主体的な行動を最大限見守っていくことができます。

いまは食事のシーンで例を出しましたが、これはいろいろなところで応用が効きます。たとえば園庭で遊んでいて、大きな危険があるわけではないけど、シャベルが隣の子にぶつかりそうなのが気になったら「あなたの使っているシャベル、お隣の人にぶつかりそうですよ」と。

こうしなさいでも、あぶないでもなく、事実を伝え考える余地を残したアプローチに取り組んでみてください。

信頼をはぐくむスキル⑤寄り添いとしての見守り

実は僕自身、あまり子どもの相手をするのが上手なタイプではありません。世間がイメージするような明るく元気な保育士という感じではないでしょう。

しかし、どんな保育現場に行っても、入ったそのときから子どもたちと信頼関係をもつことができます。それは、信頼関係の構築をスキルとしてもてているからです。その、もっとも重要なものが「見守り」です。

これを自然と獲得している保育者もいますが、スキルとして言語化されることはなかなかありません。具体的な手順は①→③の通りです。

①まず、全員を一人ひとり見る

おおらかでのほほんとした気持ちになって、保育室全体が見える位置に立ってみます。自分が灯台になったような気持ちで、一人ひとりを見回していきます。右から左に、左から右にと。もし、その中で子どもと目が合ったら、子どもが「なになに？」と来るほどではない軽いリアクションで返してみます。軽くにっこりしてみたり、目や口角でほほえんだり、表情は変えずにうなずくという程度でもいいでしょう。すると、子どもは安心して遊びに戻ります。これが見守りの基礎部分です。

②達成感に共感する

子どもの遊ぶ様子を見守っていると、個々の子が自分の達成感を大人と共有したくて大人を探す瞬間が見えてきます。

パズルができた子、積み木が高く積めた子、ブロックで思うものができた子、ゲームで楽しさを感じた子、ごっこ遊びで友達とのかかわりに満足を感じた子——一人ひとりを見守っていた保育者は、その達成感を子どもと共有することができます。表情やアイコンタクトで、「うんうん、見てたよ。やったね」と返してみます。必要と思えば、直接子どものところに行って言葉で伝えてもいいでしょう。

共感と肯定をもって常に自分を見守ってくれる保育者を、当然ながら子どもは強く信頼するようになります。

③安心感からの安定

肯定的に見守られていることで子どもたちは安心感を大きく感じられます。その安心感は、ただ安心して過ごせるだけでなく、子どもたちの前向きなエネルギーにもなります。

たとえば、友達とのかかわりに際しても、見守られている安心が自信となり、堂々と自己主張をしたり、「やめて」と言えたりします。それでいながら安心しているので、感情的、攻撃的にならずに対人上の経験として蓄積しやすくなります。

もちろん、保育者が最初の段階から経緯を見守ることになるので、状況の把握もしやすく、もし介入の必要があればその判断もいちはやくできることになります。


見守っていることで危険防止に役立つと述べましたが、この見守りは危険を防ぐために行っているのではありません。見守りは「監視の目」ではないのです。あくまで危険防止は副産物です。保育者はこの見守りによって肯定を伝えているのです。

「あなたはここにいていいんだよ。見守っているから安心してすごしていいんだよ。ここはあなたの居場所だよ」

僕はこの見守りを、存在を肯定するという形の、日々常に行われる保育者からのプレゼントなのだと思っています。

コラム 1

保育のきほんのきほん「楽しい」

現行の保育所保育指針では、幼保一元化の影響を受けて教育の扱いが大きくなりました。その指針の中でも口をすっぱくして「養護と教育の一体化」つまり生活や遊びを通して学んでゆくことの重要性を説いていますが、中にはそうした部分を誤解して、子どもたちに算数や書き取りのドリルをさせるといった保育実践も聴こえてきます。

一般的な子育て観、教育観の中には、しんどいこと、つらいことを我慢させ乗り越えさせることを良しとするものがあります。

確かにそうした経験が人を成長させることはあるものの、そうしたしんどいことをわざわざ作り出してやらせることにまで意味があると考えるのは早計です。

「楽しい」という感覚は、実はとても大きな意味のあることです。

そのものごとへ取り組むことだけでなく、ものごと全般や成長することへの前向きの意欲をつちかい、楽しいという感覚の中で行うことでさまざまな経験が身につきやすくなります。また、そこにおける友達関係等の人間関係も肯定的なものとなっていきます。つらいことなどを一切排除して、楽しいことで埋め尽くしても成長するのが子どもという存在であり、保育といういとなみであるでしょう。

当たり前の人にとっては当たり前なことでしかないかもしれませんが、そうでない人にとっては意識、無意識の内に「楽しい」を排除してしまうことがあります。保育では「楽しい」という感覚を重視していいのです。

「楽しい」を排除してしまっている例としては、行事の出し物を立派なものにするため子どもに負荷をかけてしまうケース。きまりを守らせるためや、式や集会、集団行動を「ちゃんとしたもの」にさせようとするあまり、注意や否定のアプローチが保育の日常になってしまうケースなどがあります。

子どもたちがどう感じているか、振り返りのスタンスをもたないと、保育上のねらいや効果、発達段階にあっているかの検証などがないまま、大人の価値観に合わせるために子どもに負荷をかけ続けていくことが保育になってしまいかねません。

それは結局、子どもにも、保育者にも疲弊の元となります。

「子ども達が楽しめているか？」

些細なことのように見えて、この視点で保育を振り返るのはとても大切なことです。

第2章

保育の見え方が変わる

保育のおもしろさ、すばらしさは人が人にかかわっているところだと思います。

しかし、それは同時に保育の難しさでもあります。人が人にかかわっているからこそ、相手を傷つけることさえ容易にできてしまいます。

そうならないためには、子どもたちとかかわる専門職として必要な視点をもっておくことが大切です。自分の中に明確な基準をもつことができれば、適切に関係性を築いていくことができます。

この章では、保育園で起こりうるシチュエーションを見ながら、保育者としての視点の持ち方を一緒に考えていきたいと思います。あらためて考えてみることで、きっと日々の保育シーンの見え方が変わってくるはずです。

モノ扱い

赤ちゃんの受け渡し

こんな実践がありました。ふたつご紹介します。

①1～2歳児のプール遊びの場面。プール遊びの場所は園の敷地内で、保育室との間に胸くらいの高さの柵がある。柵を越えれば保育室は目の前なので、プール遊びが終わった子を柵越しに保育者同士で受け渡す。

②1歳児のオムツ替えのとき。オムツ交換の必要のある子を、後ろからひょいと抱きかかえて、腰までの高さの棚越しに保育者が非常勤職員に受け渡す。交換が終わると、また棚越しに保育室に戻す。

どうでしょうか。なにか違和感はあるでしょうか。

さほど違和感がないとしたら、次のことをいったん頭に入れてから、①②を見直してみてください。

「子どもはモノではない」

①②のような受け渡し方は、子どもをモノのように扱う行為です。モノだなんて、そんなつもりじゃないのだけど……と戸惑う方も多いと思います。

ですが、ここで大事なのは「それをする保育者に悪意がなくとも」という点です。保育者本人にモノ扱いしているつもりがあるかどうかにかかわらず、行為そのものが望ましくないということです。

悪意なくできてしまうだけに、はじめて保育の実務経験を積んだ施設がこうした方法を当たり前のこととしてやっていたとしたら、このかかわりの不適切さに気づくのは難しいと思います。

同意のプロセスをふむ

とはいえ、赤ちゃんを保育者間で受け渡さずに保育することはできません。

ここで必要な視点が、人としてかかわることです。当たり前ですが、その当たり前が大人対子どもという関係においてはゆらぎやすいです。

相手は人なのですから、なにかをする際に同意がとても大事です。

②のオムツ替えのような場面では、便が出ているかいないかの確認のために無言でおしりを

触ったり、抱き上げてしまったり。これらは不適切です。
人に接するのですから、ここには同意のプロセスが必要です。もちろん、赤ちゃんから明確な応答があるわけではないです。しかし、そのプロセスを省くべきではないですよね。

「オムツどうですか？」（アイコンタクトで伝わっているか確認）
「ちょっと失礼しますよ」（アイコンタクトで伝わっているか確認）
などと確認を入れてからオムツを確かめるようにしたいです。
「はい、出ているからきれいにしましょう」
「じゃあ、きれいにしに行きましょう」（アイコンタクトやしぐさで抱き上げることを伝える）
ここまで伝わっていることを確認して抱き上げる……これが、同意のプロセスをふむということです。

無自覚さ

オムツ姿はかわいいけれど

最近では、着替えやオムツ交換を人目につくところでしないようにする配慮は多く知られるようになってきました。

ですが、オムツ替えや着替えの場所に配慮している施設でも、園便りには子どものオムツ姿や上半身裸の写真を載せていたといったことがあります。こうしたことをどうとらえるかという問題は外部から指摘されないとなかなか気づけないのが難しいところです。

こんなシーンがありました。

①戸外遊びから戻った乳児クラス。上半身を着替え、下はオムツを交換。そのオムツ姿のまま食事の席へ。

②戸外遊びに行く前の3歳児クラス。クラス全員が廊下に並んでトイレ待ちをする。その際、スムーズにできるようにとの理由から、ズボンを脱いで下着姿で並んでもらう。

どちらも、その園の中ではいつものこととして行われているので、不適さに無自覚なまま保育が進んでしまっています。

①はある新人保育士が、最初に就職した施設で感じた違和感として話してくれました。先輩に、オムツで食べるのはおかしくないですかと聞いたところ、先輩は「だって、どうせ食べこぼして汚したらまた着替えなきゃならないから大変でしょ」と返してきたそうです。

この先輩の言葉に対し、仕方のない現実だとうなずいてしまうかもしれません。「たしかに保育がまわらないよね」と。

こうしたことは、「保育が現実に負ける」状態です。

守らなければいけない一線を前に、現実の大変さをもってきてそれを不適切なままにしていたら、その現実の大変さも解決しないどころか悪い方へいくばかりです。

「なんか変だな」「おかしい」「子どもたちのためになっていない」。そういう感覚を大切にしておきましょう。

①や②のシーンで、「子どもなんだからオムツ（下着）で過ごしたっていいでしょ」と思ったときは、もしそれが大人だったら？と想像してみてください。それはおかしいですよね。下着姿で食事をしたり廊下に並んだりするということは、異常だとわかるでしょう。

子どもだとその感覚が失われてしまうのは、子どもを一人の人格としてみなしていないということです。本来、子どもの人権の大切さを社会にも発信していく立場の保育者が、みずから進んで子どもをないがしろに扱うのはおかしなことです。

私たち保育者は、子どもを大切に育てる中で、よりよい生活や文化を獲得させていくことも求められているはずです。

文化的なあり方

「子どもの周りに存在するもの」としての園の設備

絵本が好きなある保育者がこんなことを言っていました。

「子どもたちに、本は噛むものや破くものとしてではなく、心に響くものと思ってほしいからいつもきれいな状態にしています」

ここにあるのは、子どもの周りに存在するものも子どもの成長に影響を与えていくことをふまえた上で、文化的でより良いものを与えようという視点です。周囲にあるものにすら配慮をおいて保育しているのですから、子ども自身の扱いは言うまでもありません。

子どもを一人の存在として大切に扱おうとする保育ならば、現実に負けて子どもに不適切な扱いを押しつけるような保育をすることはありません。そのほとんどが実は大人の対応しだいで解決できることです。

ここで、みなさんの園に設けられている柵やしきりを思い浮かべてみてください。子どもの安全上、欠かせない設備です。この大事な設備に対して、保育者が無造作にまたぐのは好ましいことでしょうか。

子どもは身近な信頼している人の姿を見て、さまざまなことを学んでいます。もし、子どもたちがそうした柵や扉をよじ登って乗り越えようとしていたら、保育者はそれを注意したり止めたりしなければならないでしょう。しかし、子どもたちからすれば、大人が普段していることを自分もやってみただけです。子どもを尊重し配慮を考えている施設では、意識的にそうした行為をしないよう気をつけています。

もし、日常的に柵や扉をまたがなければ保育が回らないという状況があったら、現実に負けてそれを容認するのではなく、保育のあり方そのものや、環境設定、大人の動き、人員配置等に問題があると考えて対処した方が、より安定した保育に近づけます。

強い存在

保育がモラハラになる瞬間

保育施設に関することで保護者からの相談でとても多いもののひとつが、子どもへのかかわりが圧迫的になっている保育の問題です。

たとえば、食事を完食させることや、苦手なものを食べさせること、時間内に食べることなどを理由に、否定的、圧迫的、冷たい、厳しいかかわりが保育者からなされ、それゆえに園に行きたがらなかったり、降園後に子どもが荒れたりするものです。

子どもに対する大人は、その人が優しかろうとそうでなかろうとに関係なく、簡単に子どもの支配者になりえてしまいます。

たとえば、保育者に悪意がなくとも、「そんなことしている子は公園に行けないよ」「〜したらおやつ食べられないよ」などの言葉は、強い権力の上に成り立っていることがわかります。

それだけに、保育は一歩間違えれば、簡単にモラハラ（モラルハラスメント）になってしまいます。「正しさ」を理由に、子どもを傷つける言動や冷たい対応、不安、不信を招くかかわりなどの不適切行為、子どもを支配したり、大人の感情を子どもにぶつける行為が起きかねません。
ニュースになるような不適切保育の多くも、保育者の認識からは「正しいことを求めるため」という理屈で、子どもを閉じ込めたり、体罰や暴言、排除をしたり、自尊心を傷つけるような行為が行われています。

そうならないために、ぜひ意識してほしいことがあります。

保育、子育てはとてもモラルハラスメントが起こりやすいものであること。また、保育の現場で働きつづけることにより、働く人の人格がモラハラ体質に近づいてしまう側面があること。

これは保育に棲《す》んでいる魔物です。

保育はモラハラにおちいりやすく、保育者も、施設も、いったんモラハラ体質になってしまえばそこから抜け出すのは大変です。だからこそ、「正しさのために不適切な行為に及んでしまうこと」に敏感でありたいものです。

「私はそんなことしないから大丈夫」ではなく、私たち保育者は子どもに対していつでも生存や生活、人格をおびやかせる権力をもっていることを認識したうえで、その暴走が起こらないように、自分自身そして同僚、組織の中で考えていく必要があるでしょう。

当事者意識

自分が老人ホームに入ったとしたら

「正しさのために不適切な行為に及んでしまうこと」に敏感でいるのは、そんな難しいことではありません。

少しの想像力を働かせれば、子供をモノ扱いしたり子供扱いしたり、不当に扱う行為を避けることができます。それは、自分自身、もしくは大人に対してその行為ができるかどうか、適切かどうかを少し立ち止まって考えてみるだけです。

いちばんわかりやすいのは、自分を養護老人ホームに入った高齢者として想像してみることです。

「あなた年寄りなんだから、裸を見られても恥ずかしくないですよね」

「そんな好き嫌い言って食べ物を残して、作ってくれた人に申し訳ないと思わないんですか」

「はやくはやく、いつまで待たせるんですか。私は他の人も見ないといけないからあなたにだけかまっていられないんです」

逃げ場もなく助けを求める相手もいない中で、自分を世話してくれる人からそのような言葉を毎日のように投げかけられたら、本来ならば信頼したい人を信頼できない状況に置かれたら、どれほどつらいことでしょう。保育でもまったく同じです。

子どもは自分から声を上げられない

介護の度合いにもよりますが、大人であれば、ほかのスタッフに言葉にして訴えたり助けを求めたりすることができますが、子どもたちにはなかなかそれはできません。だからこそ、保育者には専門性として多様な姿への理解と配慮がはじめから求められています。

こうしたことは、一般に「子どもの人権」として考えられています。

子ども扱い

引っ張って誘導してしまうとき

子どもを誘導するため、子どもの手首や二の腕を保育者がつかんで引っ張っていく――保育の中ではよく見られる行為です。

ついついやってしまう人も、一度立ち止まって前項の「自分が老人ホームに入ったとしたら」を考えてみると、どうでしょうか。

通常、大人同士であれば、相手の腕をつかんで引っ張るという行為は、社会生活の中でまずなされることはないでしょう。対人関係上の適切な距離感を越えていることだからです。誘導ではなく連行になってしまいます。

危険から子どもを守るためとっさの判断でという場合は別ですが、誘導のためにこれを無自覚にしていると、子どもの成長にも子どもと保育者との信頼関係にも響いてきます。

なぜなら、保育者が無造作に腕を引っ張って誘導する背景には、保育者の意識の中に「この子はどうせ引っ張られないと自分で動けないでしょ」という子どもを低く見る決めつけ＝子ども扱いが隠れているからです。

このことに無自覚であるということは、その場面だけではなく保育全体が子ども扱いのかかわりになっているはずです。こうした扱いがつづくことで子どもたちは「引っ張られないと動かない子」、つまり干渉されないと行動しない子になっていってしまいます。

また、子ども扱いは、子どもを「信じていない」大人の姿勢です。子どもに限らず、人は自分を信じてくれない人を信じることは難しいです。それはつまり、子どもと保育者の間に信頼関係が育っていけないことを示しています。

子どもの手首をつかんで誘導してしまう。それは一見すると、ささいなことのように感じられるかもしれません。しかし、こうしたささいなことにも配慮を置けるか置けないかで、保育のあり方、そして子どもの成長はまったく変わってきます。

正しさ

食事は完食させることがいいの？

食事は、大人がイライラしてしまいやすいポイントが多いシーンです。イライラせずとも、「ちゃんと、きちんと、しっかり」を求めてしまいがちです。

残さず食べる、決められた時間内に食べる、正しい姿勢で食べる、食具を正しく使う……どれも生活習慣として望ましいと考えられがちなので、保育者は手を替え品を替え「できる」ようにもっていこうと頑張ってしまいます。

「○○食べないとデザートあげないよ」
「○○食べないとお外で遊べないよ」
「ほら、隣のお友達はおいしそうに食べているよ」
「○○食べたらデザートあげる」

ひと皿ずつ出し、それを全部食べないと次がもらえないという対応により完食させる、といったアプローチをしていたところもあります。

こうしたかかわり方で子どもたち全員が完食したとして、それは保育の目的にかなっているでしょうか？

食事のシーンでの保育の目的は、完食させることや偏食をさせないことではなく、日々の安心感や大人への信頼感の中で、食への関心や興味をつちかい、その子自身の発達や意欲により前に進んでいけるようにすることです。

食具の扱いのことも、「〇歳だからお箸で食べなければ（させなければ）」といった意識は、子どもの現状の否定から過干渉が始まるポイントになりやすいです。

子どもを見る視点が「ちゃんと、きちんと、しっかり」から出発していると、どうしても視野が狭くなったり、否定的な見方をしてしまったりします。

みなさんがじゅうぶん承知のとおり、子どもにはそれぞれの個性があり、発達にもばらつきがあります。それで普通なのです。

食事のシーンに限らず、「できる結果」をいますぐ出さなければという思いに駆られたら、ひと呼吸おけるようにしていきましょう。

規範意識

他者をジャッジしないスタンス

保育を長年見ていると、まじめな人、一生懸命な人が子どもとうまく信頼関係が作れなくて悩んでいたり、保育が大変になっていることが多々あります。

どうしてそうなってしまうか、その答えの一端も「ちゃんと、きちんと、しっかり」にあるように思います。

大人自身も少なからず、自分に無意識に「ちゃんと、きちんと、しっかり」つまり規範意識を課して、「自分は○○でなければならない」と生きています。

これが強いと自己否定的になるだけでなく、他者にもそれを求めずにはいられなくなります。子どもや保護者、周囲の人に対しても「○○でなければ」と求めてしまいます。そうすると、どうしても相手の否定からかかわりがスタートすることになり、相手と信頼関係をうまくはぐくめずに保育が難しくなっていってしまうのです。

規範と照らし合わせて目の前の人を見てしまう、つまり他者をジャッジしてしまうスタンスが、保育を苦しいものにしてしまっているのです。

子どもと安定的な関係が築ける保育者、保護者とあつい信頼関係が作れる保育者は、その多くがここをクリアできている人たちです。他者をジャッジしないスタンスを獲得できると、その人に対して上からでも下からでもないかかわりが始められます。横から寄り添うような関係とでもいったらよいでしょうか。そうすると、子どもや保護者とのかかわりがずっとラクになります。そしてまた自分自身がラクになります。

福祉としての保育の出発点がそこにあると言ってもいいでしょう。

ジャッジしないとは、「あるがままを受け入れる」ということです。

「あの人は○○だからよくない」「あの子は○○の行動がよくない、直してあげなければ」これは価値判断が一緒になった受け止めです。

これを「あるがままで受け入れる」だとこうなります。

「あの人は、そういう行動をとってしまうのだな」「あの子はそういう状況や発達段階にいるのだな」

こうした他者へのとらえ方をスキルとして獲得できると、保育の職務でも自身の感情のコントロールがしやすくなっていくでしょう。

配慮

子どもが納得しないといけない？

保育者なら、こんなシーンは毎朝のように見かけていると思います。

登園をしぶる子を、保護者の方があの手この手で納得させようとします。

「○○先生が来てほしいって言ってたよ」「お友達の○○ちゃんいるよ」「お迎えに行ったときお菓子買ってあげるから」

保護者の方がこうしたかかわりを頑張ってしまうのが悪いというわけではありません。子どもにかかわる経験も少ない中、朝という時間の限られた中でなんとか行かせなければと頑張っています。また、預けることに対して負い目を感じていると、その負い目ゆえになんとか嫌がらないで行ってほしいという気持ちにもなってしまいます。

しかし、ここで少し視野を広げて見てみましょう。「納得」は「させてあげる」ことができるでしょうか？　自分がしたくないことを、ごまかされて納得させられるかかわりを他者からされたらどんな気持ちになるでしょうか。本当は、「納得させてあげること」というのはできないんです。「納得」は「(自分が)する」ものなんですね。

だから、ごまかしでなく正直なところを伝えた方が、本当の意味で親切です。この本当の意味の親切とは、相手への尊重ということでもあります。

冒頭の朝のシーンで言えば、このような伝え方がごまかしのない伝え方です。

「私、お仕事に遅れちゃうから、はい、もう行きますよ」

「はい、そのようにごねないで靴をはいてくれると、私はとてもうれしいです」

その後どうなるか。それは子ども自身のものです。

「納得」は子ども自身の心の活動です。大人が横から手を出して、きれいに丸めて心の中に戻してあげられるものではありません。

同様のことは保育の中でもたくさんあるのではないでしょうか。

相手を子どもだと思って「納得させてあげる」のが親切なのではなく、「必要なことを堂々と伝えてもあなたはきっと理解してくれるはずだ」と正直なかかわりをしてみること。その視点に立ってみると、いろいろなところで別のアプローチが見えてくるでしょう。

ぜひ、試行錯誤してみてください。

コラム

2

僕は下手な保育士だった

僕自身は、とても下手な保育士として出発しました。

子ども時代の基礎のそのまた基礎に携わる保育という仕事に、なにか自分に貢献できることがあるのではないか、と志していた一方で、その当時の僕は「子どもを従わせなければならない」「正しい行動をさせなければ」と最初から考えてしまっていました。子どもを「ちゃんと」させるために規範を教え込んだり、ルールや約束を守らせたりすることが大切なのだと思い込んでいました。

モノの取り合いなどのトラブルにはすかさず入って、「○○ちゃんが先に使っていたのだから、あなたは順番を守って」と繰り返し注意したり。

子どもたちはそんな僕にすら信頼を寄せてくれました。しかし、もしそこに満足してしまったら、信頼関係で子どもとつながるスキルを獲得することはなかったでしょう。

「子どもを○○にしなければならない」と子どもを見てしまうこと、それ自体が子どもを信じていないスタンスでした。

子どもは大人が介入しなくても、一人ひとりが常に成長に向かっている存在です。それを理解して見守って育てていくこと、それが子どもを信頼することなのだといまではわかります。

保育に入ったばかりの人は、子どもに正しい行動をとらせたり、大人に従わせることよりも、子どもと楽しむこと、子どもに共感すること、子どもを肯定することなどをたくさん経験してほしいと思います。それを意図的にやっていくと、指示しているわけでもないのに子どもが自発的に行動する場面が見えてきます。

信頼に寄り添う形で子どもが成長を示す場面です。

それは、子どもに「この行動をさせよう、しめしめ」と作為的にやっているのではありません。大人の作為なしに、生活を共にするかかわりが自然と人をそのようにしていきます。それがわかると、生活のなにげない行為や普段のちょっとした自分のあり方、子どもへのアプローチにまた違った意味が見えてくるでしょう。

保育は、なにか成果を作り出すことが素晴らしいのではなく、子どもと日々をともにする行為、それ自体が素晴らしいのだと僕は感じています。

第3章

注意したい言葉たち

この章では、日常的に子どもへかけられがちな言葉のなかから、一度立ち止まって見直してみてほしい言葉を取り上げていきます。

言い換えの提案もありますが、言葉がけはただ置き換えればすむわけではありません。同じ言葉でも、保育者の子どもへの見方や姿勢次第で、そして信頼関係が築かれているかどうかで、子どもにはまったく違う影響を与えます。

保育が目指すのはその場しのぎのコントロールのテクニックではなく、子どもの情緒や対人関係のあり方、成長や人格形成の安定をはかることです。

つい口にしてしまう言葉を入り口に、「言葉の前にあるもの」と、その言葉を使いがちなシチュエーション、子どもへのかかわり方を一緒に見ていきましょう。

注意したい言葉 その1

ダメだよ

こう言ってみる

どうしたの～？

みなさんの保育施設では、「ダメ」といった強い否定となる言葉をなるべく使わないような配慮を共有していますでしょうか？

園としてそうした配慮に取り組んでいるところ、園として明確に打ち出しているわけではないけれど自然とダメ出しをしない保育が構築されているところ、気にせず個々の保育者任せになってしまっているところ、注意やダメ出しが日々の当たり前になってしまっているところなどさまざまあるかと思います。

「ダメ」という言葉に無自覚であると、一日に何十回も気にせず口に出してしまう保育になりかねません。「ダメ」がやたらと増える状況になってしまうと、かえって子どもたちの姿は大変なものになっていきます。

なぜなら、自分がしていることに対して、「ダメ」という強い否定から入られつづけると、それは子どもにとって大きな負荷となるからです。また、常に否定から始まる人に対して、親しみをもつことは難しいでしょう。「ダメ」を積み重ねる保育者への信頼は

＼ここ大事！／

（子どもの行動に）
否定から入る

↓

聴く姿勢から入る

＋アドバイス

おおらかなニュアンスというのは、「今日はいい天気で気持ちがいいな～」そんな気持ちで子どもとかかわるイメージです。同じ対応をしても、「この子をちゃんとさせなきゃ」とかかわるのとは反応が大きく変わってきます。

さがり、保育者の言葉をスルーしてしまう習慣ができてしまいます。
そうなると大人からすると困る姿を子どもたちは出さずにはいられなくなってしまいます。ダメを使えば使うほど、ダメと言わなければならない状況が増えてしまうのです。

実は、これは簡単に言い換えられます。それは「どうしたの？」に置き換えていく方法です。例として、子ども達がおもちゃの取り合いをしているシーンで見てみましょう。

子（おもちゃの取り合いでもめている）
保「どうしたの〜？」
子（それぞれに自分なりの主張をする）
保「うんうん、ああ、そうだったんだね」

それまで「ダメ」で介入していた部分を「どうしたの〜？」に変えてみます。「ダメ」という言葉はかなり強い否定、制止のニュアンスをもっていますが、「どうしたの〜？」と聴く姿勢を打ち出すことで、そうした否定のニュアンスなしに、子どもが感情的になりそうになるところを自然に抑制することもできます。

「どうしたの?」の語尾を「の〜?」と伸ばしているのは、保育者が前のめりに介入しないおおらかなニュアンスを醸《かも》し出すためです。

「ダメ」を「どうしたの〜?」に置き換える提案は、「制止や注意、干渉、介入を最初から当たり前にしないようにしましょう」という話です。「制止や注意、干渉、介入をしてはならない」と勘違いして、子どもの危険をそのままにしていいということではもちろんありません。

研修などでこの話をすると、後者のほうで解釈する人も少なからずいるので、念のため申し添えます。

いまにも危険なことが起こりそうといった場面では、「ダメ!」と大きな声で強く介入しなくてはならないこともあるでしょう。それは危険防止を優先したという保育上の配慮として成り立ちます。

もし、みなさんの園において「ダメ」という言葉をたくさん使わなければ、安全を確保したり、子どもたちが生活上必要なことができない状況になっているのでしたら、それは言葉の置き換え以前のところに課題があるかもしれません。1章のスキルを活用していただき、子どもたちとの信頼関係を構築することに配慮をおいてみましょう。

注意したい
言葉
その
2

おいでー

こう
言ってみる

ここにどうぞ

（と言いながら、来てほしい場所を
ポンポンと手で叩いて示す）

お部屋に戻って
着替えをします

（これからする行動を伝える）

そこは人が
通ります

（必要な事実を示し子どもに
行動を考える余地を残す）

「おいで」はかわいらしく聞こえますが、指示・命令の言葉になっています。もし、相手が大人だったら「おいで」とは言わないでしょう。子どもを尊重する保育にはあまりそぐわない言葉なのです。

いくつか例を挙げて別の言い方を紹介していきます。

・【シンプルに呼び寄せる場合】ポンポンと場所をわかりやすく手で叩いて示しながら「ここにどうぞ」。

・【こちらに来てなにかをしてほしい場合】子どもを主語にしてこれからする行動を伝えます。「(○○さんは)お部屋に戻って着替えをします」「(○○さんは)ここに座ってください」

・【自分で考えて行動できる発達段階の子の場合】必要な事実を示すだけで子どもたちは考え行動します。じゃまになるからこっちへ来てほしいというシーンであれば、「そこは人が通ります」と言って見守ります。そして子どもの行動を認めます。

保育者が言葉を選ぶことも子どもの主体性をはぐくむ要素です。

+アドバイス

こちらの呼びかけをしっかり聞いてほしいときは、「私」を主語に、私がどうしてほしいのかを明確に伝えることで訴えかけます。「私は急いでいます。こちらへ来てください」。私の事情を素直に伝えてよいのです。

ここ大事!

優しい言い方だから大丈夫

↓

大人相手に言える言葉かどうか

注意したい
言葉
その
3

お約束ね！

こう
考えてみる

自分はイライラ
していないか

子どもたちを
待たせる時間が
増えてないか

自由な遊び時間が
減っていないか

監視の気持ちで
子ども達を
みていないか

子どもの行動を正しいものにしようとするあまり、「〜〜はお約束ね！」のようにルールを作ってしまうかかわりが見られます。これは、ルールを守れなかった子に「お約束したでしょ！」と責めるかかわりにつながってしまいかねません。

もし、子どもたちにしては困る行動が多発しているのであれば、ルールを課してコントロールするのではなく、園での日常を見直すべきサインとしてとらえましょう。右ページに示したポイントを振り返ってみてください。

注意や小言の多い大人のもとでは子どもたちは安心感をもって過ごすことができません。また、保育の日課の中で保育者に管理される時間が長いと子どもたちは抑圧的に感じます。

抑圧が強ければ、それだけ反発を招きルールを逸脱する行動が多くなって当然です。

こうした点から見直すと、「お約束ね！」と言い聞かせる必要がそもそもなくなっていきます。

＼ここ大事！／

ルールを守らせる

↓

大人の都合になっていないか見直す

＋アドバイス

保育者が子どもを従わせる必要はそもそもありません。子どもは信頼する人に寄り添う行動をとります。信頼できる人とは自分を安心させてくれる人。保育者は子どもに正しい行動を求める前に、安心をもたせることを考えましょう。

注意したい
言葉
その
4

やめて／やめなさい

こう
言ってみる

私は困ります

その2「おいでー」のところでは、事実を伝え子どもに考え行動する余地を残すアプローチを紹介しました。そこでみた事実は「周囲の事実」です。

事実には、ほかのタイプの事実もあります。それは「私の感情」という事実です（「おいでー」ページの＋アドバイスのコーナーでも、自分の事情を素直に伝えることを紹介しましたが、これは「私の感情」に通じています）。困る行動をされたときは反射的に「やめて」「やめなさい」と制止したくなるのをふみとどまって、「私は困ります」と伝えてみます。その子への否定のニュアンスぬきに、私自身がその行動に対して抱いている感情「困る」を伝えるのです。

このとき大事なことは、結果をすぐに求めないことです。長い目で見守っていきます。子どもの成長には時間がかかるものです。保育者には結果（困った行動をしなくなる）が目に見えてくるまでの途中経過を、見守り待つことが要求されています。それは子どもを信頼するという行為です。

これのできる保育者かそうでないかで、保育の力量は大きくか

ここ大事！

子どもの行動を否定する

↓

事実を伝える

＋アドバイス

「私は困る」という感情の事実を出すのは、子どもに冷たさや疎外感を与えて圧迫してコントロールするためのものではありません。同じ言葉でも言う側の姿勢次第でそう使うこともできてしまうので、そこは注意してください。

わってくるでしょう。

子どもとの間に信頼関係ができていれば、保育者の「私は困ります」を受けて子ども自身も葛藤したり、考え行動したりするでしょう。保育者は、その試行錯誤を見守り、それがうまくいくかどうかに関係なくその試行錯誤の結果を認めていきます。

もうひとつ大事なことは、「困ります」と言うときに否定のニュアンスだけでなく、子どもにこういう行動をさせてやろうという作為も含めないことです。私の感情という事実だけを出すようにします。

感情の事実だけを出すのは、こうしたネガティブな場面だけではありません。ポジティブな私の感情も普段から出しておく必要があるでしょう。

「楽しいね」「うれしいね」「きれいだね」「おいしいね」、保育者自身が生き生きとした一人の人間として自身の感情をだしたり、子どもと共感するなかで感情を示したり、そうした前提があることで、いざというときの「私は困ります」という感情の事実が意味をもってきます。

保育者である私が、正直に自分の気持ちを示すことができるのは、子どもを尊重している、信頼しているということでもあります。

なぜならそこには、「私の正直な気持ちを出しても、あなたはそれを時間はかかったとしてもきっと理解し行動してくれる」と、その子を一人の人間として尊重し信じる気持ちがあるからです。

それはちょうど、「あなたは子どもだから自分で考え行動できないよね。だから私がごまかして納得させコントロールしてあげよう」の逆になっています。

注意したい
言葉
その
5

〜しないなら
○○します

こう
言ってみる

〜するのは
私はイヤです

「〜しないなら赤ちゃん組に行きなさい」

幼児クラスの子が片付けをしなかったり、支度を自分でしなかったりしたときに、こうした言葉を周囲の先輩や同僚が使うのを耳にしたり、自身で使ったことがあったりするかもしれません。

この言葉は、子どもに言うことをきかせるという意味ではとても効き目があります。なぜなら、これはその子の存在そのものを否定する大変強い言葉になっているからです。また、同時にその子の自尊心が傷つく言葉です。だからこそ効果的です。

しかし、使えば使うほど、子どもから大人への信頼は低下し、子どもと保育者の関係は信頼関係ではなく支配関係になっていきます。

同様の言葉にはほかにも、

「〜しないなら置いていきます」

「〜しないと、○○できないよ」

「〜しないと、○○してあげないよ」

ここ大事！

目先の行動を作り出す

↓

子どもの姿の大元にアプローチする

＋アドバイス

受容・肯定と言われると難しく感じる人は、追いかけっこをしてみてください。追いかけっこには大人からの積極的な関心、自分を見てくれている実感、楽しさを大人と共感する経験など、受容・肯定の要素が詰まっています。

「～しないと、△△へ行けないよ」

「～しないと、部屋の外に出すよ」

などさまざまなパターンがあります。


これらはすべて疎外《そがい》の言葉になっています。

疎外とは簡単に言うと仲間はずれにすることです。保育以前に、家庭での子育てでこうしたかかわりが普通に使われているので、保育の中でも気軽に使われてしまいかねません。もし、これを職場など大人の社会で使えば、パワーハラスメントそのものです。では、どういうアプローチにしていけばいいでしょうか。


そのひとつは、「私」を使うことです。お気づきの通りこれは、ひとつ前の項目「その4 やめて／やめなさい」と同じアプローチです。私を主語に置いて話すことを身につけていくと、子どもを尊重した保育をぐっと実践しやすくなるのです。

「～するのは、私はイヤです」

「～したら、私は困ります」

このように、してはほしくないということだけを伝えるにとどめます。

このアプローチは、「この言葉を使えば、子どもは言うことをききます」というコントロールのテクニックではありません。言葉だけこれに変えたら子どもがすんなり動くというものではありません。

その子が保育者を信頼できる状態で、「私はイヤです／困ります」と言われたことで、その子はそこで考え自身の行動を安定したものにしようと自ら葛藤しながら取り組んでいきます。

保育は、日々の生活、遊びを子どもと共にし、そのひとつひとつを受容・肯定の姿勢をもって取り組むことであつい信頼関係が構築されます。それを大切にしていけば、子どもを支配する必要そのものがありません。目先の行動を作り出すことにとらわれずにすむのです。

もし、その子に信頼関係を用いたアプローチが通じにくいようであれば、目先の状況にとらわれずに、普段からの信頼関係の構築、つまり受容と肯定のかかわりからあせらずに取り組んでみてください。一見、遠回りに見えて、支配のかかわりよりもずっと近道です。

注意したい
言葉
その
6

〜できたら
お兄さん

こう
考えてみる

子どもの行動は、
大人が作り出す
もの？

「ニンジン食べないと、デザートあげないよ」

この言葉だと、先ほど見た疎外のかかわりになっていますね。

では、こちらはどうでしょう。

「ニンジン食べたら、デザートあげるよ」

言葉のカドがとれて、むしろなんだか優しさすら感じる言い方になりました。

「～できたらお兄さん（お姉さん）だな」（「～しないと赤ちゃんだ」の優しい言い換え）

「～したら、どこどこ（園庭遊びなど）行けるよ」（「～しないとどこどこ行けないよ」の言い換え）

こう言い換えれば、こうした言葉を使ってもいいでしょうか。保育として成立するでしょうか？

疎外のような強い支配も、強さを除いて言い換えた優しい言葉も、結局のところ子どもの支配になっています。それゆえ、これ

+アドバイス

保育を語る上で、「主体性」という言葉が使われています。これは、大人が「作る」のではなく、子ども自身が「なる」ことを意味しています。その子なりの成長を獲得していくための配慮が保育者には求められているのです。

＼ここ大事！／

キツい言い方は別の言い方に直す

↓

子どもの成長へ専門的な視野を

らは「優しい支配」と言えます。

この「優しい支配」は、いまもなお多くの保育施設で保育の実態となっています。あからさまな強い支配を避けたら、優しい支配に落ち着いたといった状況です。

この状況を乗り越えることが、保育の専門性を高めるポイントになると感じます。これは保育の本質にかかわっているからです。


子どもの行動は、「大人が」作り出すもの？

子どもの成長は、「大人が」作り出さなければならないもの？

この問いをもちつづけていかないと、保育は簡単に目の前の子どもの支配に落ち着いてしまいます。


現代では保育を語る上で、たくさん「主体性」という言葉が使われていますね。それは、大人が「作る」のではなく、子供自身が「なる」ことを意味しています。干渉的に大人が「好ましい」「正しい」「よい」とされる姿、行動、成長を作るのではなく、子供自身が経験、失敗、葛藤し、その子その子の形でその子なりの成長を主体的に獲得していくこと、そのための配慮が保育士には求められているのです。

ここをふまえて見ると、「ニンジン食べたら、デザートあげるよ」というかかわりはその言葉がよろしくないので言い換えましょうという問題ではなく、「大人が子どもの姿を干渉的に作り出すこと」を無自覚に当たり前と考えてしまっている、専門性の視野が狭くなっている問題がそこにあることがわかります。

注意したい
言葉
その
7

○○マンいるよ

こう考えてみる

その要求は、
その子の発達に
合っている？

保育研修で話すと、かなりの率で「耳が痛い」と言われるものがあります。

それは「おトイレに〇〇マンいるよ。会いに行こうね」などと、本来の目的（排泄《はいせつ》をする）とは別の目的（〇〇マンに会いに行く）にすり替えて、子どもを誘うものです。

すり替える、つまりごまかして相手を動かそうとしてしまっています。「優しい支配」のひとつといえます。

そうしないと子どもが動かないのであれば、まず見直してほしいのは、その子の発達に合った要求か？という点です。

排泄の発達段階が育っていない子に対して、「トイレで排泄させること」を無自覚に求めてトイレに行かせること自体が目的になっていたら、それは保育の迷走です。

トイレに行く必要性を感じていない子にトイレに行くことを求めたら、それは当然子どもを支配、コントロールしなければならなくなります。子どもの発達の知識をもち、発達段階の見極めの部分をいまいちど取り戻しましょう。

ここ大事！

お楽しみで誘って動いてもらおう

↓

その要求は発達段階に適しているか？

+アドバイス

子どもの成長は、先取りすればできるようになるものでも、訓練で獲得するものでもありません。このことはつい忘れられがちです。とくに排泄や食事のような、大人の願望や規範意識が強くなることがらではなおさらです。

注意したい
言葉
その
8

○○ちゃんが待ってるよ

こう
考えてみる

どうして○○
したくないの?

子どもを前にすると、その子の問題を解決してあげなければと思ったり、正しくしてあげなければと思ったりしてしまいます。

生活の切り替えの場面でたびたびごねる子がいたとします。すると大人は「○○ちゃんが待っているよ」「あなたの好きなピンクのスカートあるよ」とごまかしをしたり、コントロールしてあげることが「親切」なのだと考えてしまいます。

このとき多くの人が忘れている行動があります。それは、「聴いてみること」です。お着替えでぐずっているのなら「どうして着替えたくないの？」と聴いてみるのです。

「聴いてみる」は、子どもが素直に従うテクニックですよ、と言っているのではありません。どうなるかは関係なく、一人の人がイヤだと言っているのですからそれに耳をかたむけましょうという当たり前のことです。

聴いてみると、その子なりになんらかの主張をすると思います。

+アドバイス

子どものゴネる姿に直面したら、それを否定のニュアンスなしに受けられると、対応が安定します。「ああ、着替えになるとゴネたくなるんだな」のように、その姿をそのままストンと自分の理解に落とす感じです。

ここ大事！

子どもの主張には同意しないとダメ

↓

聴きっぱなしでもいい

それは泣きが激しくなるだけだったり、なにか言っているけど意味の通らない言葉だったり、大人としては許容できない理不尽なことかもしれません。

しかし、聴くことと同意することはイコールではないのですから、聴くことを、そして子どもが自身の気持ちや意見を表明することを恐れる必要はありません。

保「どうして着替えたくないの？」

子「〇〇で、〜〜で、××なんだー」

保「ふーん、そうなんだね〜」

しばらくの間（ここは状況に応じて変わります。ほんの一息の間ですむこともあれば、しばし待つこともあるでしょう。待つときは、ほほえんで見守ったり、自分で考えて落ち着けるように意図的に視線を外してみたりします）

保「じゃあ、あなたの番だからどうぞ来てください。一緒に着替えましょう」

それでも子どもが動かないときは、必ずしも保育者が我慢を重ねてイライラしながら待つ必要はありません。これまで紹介したような、事実を使う方法をとってもいいでしょう。

「このあと、私は食事の準備をしなければならないので、いま着替えをしないと困ります。一緒にやりますよ」

さて、そうアプローチしたら子どもはどうするでしょうか。どうなるかはわからないのですが、そこが保育のおもしろいところです。保育を「子どもの○○できる姿を作り出す仕事」と考えていたら、保育のおもしろさは見えてきません。

できる姿を作り出す仕事では、「子どもが大人の思い通りになったとき→満足」「子どもが大人の思い通りにならないとき→不満足」という2種類の結果しかないからです。

次の日か、1週間後か、1か月後かはわかりませんが、その子に前向きな変化が出てきます。それこそまさに成長です。

ときに、できていたことができなくなるなど、前向きでない変化が出ることもあるでしょう。それもまた成長の一過程です。安心してください。子どもは常に前に進もうとする存在です。今日がゴールではないのですから、必ず成長の方に進んでいきます。

子どもにはいろいろな個性や発達段階がありますから、大人がコントロールしてあげなければならないケースもあるかもしれません。でも、それは最初から当たり前に使うアプローチではないことを忘れないようにしましょう。

注意したい言葉その9

わかった?

ほらあぶないよ、ほらぶつかるよ……

こう考えてみる

心配しすぎではないか?

指示が多くなってないか?

信頼されている?

遊びの環境設定は十分か?

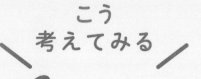

「ほら、○○くん。あぶないよ。ほら、お友達いるよ。ぶつかるよ。前見て走って。わかった?」

これは公園で遊んでいる保育シーンです。保育者は子どもを後ろから追いかけながらこの言葉を発していました。

「わかった?」と最後に念押しをしているところからもわかるように、この言葉がけは、そもそもその子に伝わっていないという問題が隠れています。

子どもに伝わっている感じがしないので、言葉が多くなり強くなり、言葉がけが過剰になっていきます。

では、どういう対応を考えていけばいいでしょうか。子どもへの対応を考える前に、まず保育者のスタンスを見直してみます。

①心配、不安が過剰になっていないか?

遊んでいるその場所は、本当に危険なのでしょうか。園外保育を行う場所は安全が確保されているから選ばれているはずです。小言のように子どもに要求を重ねる必要はないはずの場所です。

+アドバイス

まずは自分の言葉がけに意識的になること。注意、制止、指示の部分を自覚できると、肯定の言葉を使う余地が生まれます。楽しいね、きれいだね、うれしいね、○○が好きなんだねなど、人は共感されると肯定を感じ取ります。

ここ大事!

行動を制御して問題を解決しよう

↓

子どもに要求する前に前提を見直す

よしんば、そこで遊ぶことでケガが頻発するようでしたら、その場所での園外保育自体が、発達段階や子どもの現状にあっていないと判断していいでしょう。

しかし、たいていはそうではないでしょう。安全確保のための干渉ではなく、保育者自身の不安や心配を子どもにぶつけてしまっている状態でそうした実践になっていることがとても多いです。

②普段からの指示、要求が過剰になっていないか？

保育の中で、子どもへの負荷が多いと、逸脱する行動が増えてしまいます。子どもたちの様子が安定しない、保育者の言葉に耳をかたむけてくれないと感じるときは、そうしたところを見直してみましょう。

③信頼関係は？

一生懸命頑張って保育していると保育者が思っていても、その中身が子どもへの支配やコントロールを頑張ることだったり、子どもの要求に振り回されたりの大変さだったり、指示や否定の方向の過干渉ばかりでは、せっかくの頑張りもうまくいかせません。

少しでもいいので、互いに心地よいかかわりや肯定のアプローチを意識してみましょう。

たとえば、「なにを作っているの？」と子どもの話を大人の側から積極的に聴くアプローチをしたり、顔遊びなど個別にスキンシップできる遊びを日常の中に取り入れてみたりします。

これは一見、戸外遊びで子どもの制止がきかないという状況とは無関係に見えるかもしれません。しかし、こうした肯定のアプローチでその保育者への信頼が高まることによって、結果的に子どもは保育者の言葉に寄り添う姿を見せるようになります。

④遊びの環境設定は十分か？

遊べるものが不十分だと、子どもはやみくもに走り回ったり、奇声を上げたり、モノを投げたり壊したりといった行動にならざるを得ません。子どもへの干渉で問題を解決しようとするのではなく、遊びの環境設定そのものの見直しをしましょう。

視野を広くとり、子どもではなく保育そのものを疑う視点をもってみると、安定した対応が模索できます。

コラム 3

「なめられるな」「甘やかすな」と言われたら

かつてはもちろん、いまでも現場の保育者が先輩や上司から「子どもになめられるな」「あなたは子どもになめられている。もっと毅然としなさい」などと言われるケースが後を絶ちません。

また似たところで「子どもを甘やかすな」と言われることもいまだにあります。

「なめられるな」は威圧的な態度を取って、子どもを従順にする序列関係を構築しなさい、「甘やかすな」は、子どもはわがままで逸脱する存在なので、大人が威圧し、従属させなさいという意味に他なりません。

また「甘やかすな」は、保育者がモラルの立場（正しいとされている振る舞い）から、子どもや保護者、同僚をジャッジしていくため、他罰的になっていきかねません。

保育所保育指針にそう書いてあるでしょうか。保育を学ぶ学校でどこかそう教えているところがあるのでしょうか。そんな学校はひとつもないはずです。しかし、現実にはこうした感覚、つまり専門性ではなく通俗的な子育て観が保育の中で現実のものとなっています。

どちらも信頼関係で子どもとつながることの否定であり、子どもを一人の人格としてとらえることからは遠いです。

仮にあなたの同僚にそうした価値観で保育をしている人がいた場合、「私はしないから大丈夫」ではそれを止めることも、そこで保育を受ける子どもたちを守ることもできません。

保育者には、信頼関係で保育をすることの意味と実践を身につけ、さらにそれを言語化し他者にも伝えられることが必要とされています。言語化の部分はこれまであまりスポットが当てられてきませんでしたが、この本がその部分をフォローしてくれるはずです。

あなたの同僚のひとりが、ではなく、あなたの園全体の価値観が「なめられるな」「甘やかすな」になっている場合は、言語化だけでは対応できない状況です。

あなたはとてもつらい立場にあることと思います。子どもたちは支配や威圧される負荷を受容的な人に出すことでバランスをとろうとするので、余計に大変な姿でかかわってくるはずです。そうした様子に対し、園の側が「だからなめられる」「甘やかすからだ」とみなし、悪循環が起こってしまいます。

それを真に受けて、子どもの支配者になるスキルを身につけるよりも、すこしでも受容や信頼のスタンスで子どもとかかわろうとしている同僚と組ませてもらうなどしながら、まずは安定した保育を身につけていきましょう。

第4章

気になる子への伝え方

気になる子、対応の難しい子への悩みはよく聴くところです。

こうした個別ケースに対応する際に、まず気をつけたいポイントがあります。それは、「直す」「正す」「できるようにする」で考えないでおいてほしいということです。なぜなら、それらがいくら善意であれ、職業的な一生懸命さであっても、その保育者の姿勢は「その子の現状の否定」から始まることになるからです。

目の前にいる子は、「なにかがたりない子」ではないのです。その見方でかかわると、その子に少しの成長が見えても、「まだたりない」と大人は感じてしまいます。

どんな子も、常にいまがスタートラインです。

そう見ておくと、少しの変化でもその成長を肯定的に受け止めることができるでしょう。身近な大人である保育者のそうした内面の姿勢は、子どもにとってとても大きな安心と信頼につながり、結果的に子どもの成長に良い影響を与えていきます。

ケース 1

素直に甘えられない子

こうしてみる

対人関係の練習台になる

自己犠牲的な受け止めはしない

人が育つ上で必要なことはたくさんありますが、その中でも重要なもののひとつが「肯定」です。
子どもは「肯定」を他者からもらって貯めていきます。それをどんなかたちでどれだけ貯めていくかが、子どもたちの将来にわたっての人格形成や対人関係に影響するといっても過言ではないでしょう。保育は、肯定を生活、遊び、他者とのかかわりを通してつちかっていく日々であってほしいです。
信頼する大人に素直に頼ったり、気持ちを受け止めてもらったり、生活に必要な世話をしてもらったり、屈託なく甘えを受け止めてもらうことは、その上でとても大切な要素です。しかし、その子が他者とのかかわり方にネックを抱えていると肯定を貯めていくことが難しくなることがあります。

大人にイライラをぶつけたり、ゴネて要求を通すことを学習してしまったりすると、そうした行動をなくそうとするために、大人の側は、注意、叱る、イライラやうんざり感を出すといった対応になります。これでは子どもにとっては、否定が貯まる一方です。

甘えを受け止めてほしいという欲求に応える

慢性的にゴネて大人にかかわることを学習してしまった2歳児を例にとって見てみましょう。ここでは仮にAちゃんとします。

他児と楽しそうに遊んでいると、Aちゃんは後ろや横から来て保育者のことを叩いていきます。これは、その保育者への信頼の期待があり、関係性を結びたいという行動です。また、自分に肯定的な関心をもってほしい、甘えを受け止めてほしいという欲求が隠れています。

こうした場合、叩いてくるかかわりをおおらかにスルーして、「じゃあ次はAちゃんをくすぐっちゃうぞー」などと楽しく切り返す対応もひとつの方法です。そう対応しているうちに、自然とネガティブな出し方がなくなり素直にかかわれるようになるケースもあるでしょう。しかし、それでは解決しないケースもあります。Aちゃんの場合はそうでした。

Aちゃんは、「かわいいね」などの情感的なかかわりの経験が不足しており、一方で「ちゃんと、きちんと」をたくさん要求されるかかわりをずっと受けてきていました。言ってしまえば、「甘え方」そのものを知らないのです。

まずは保育者との間にあつく信頼関係を形成した上で、甘えたい気持ちのネガティブな出し方をポジティブな出し方に組み替えてあげる必要があるでしょう。

（Aちゃんが保育者を叩いてかかわりを求めてくる）

保「どうしたの？　だっこしてほしかったの？」

A「うん」

保「そうなんだ。じゃあそういうときは叩かないでだっこしてって言っていいんだよ」

A「だっこしてー」

保「うん、いいよ。ぎゅー」

Aちゃんが素直に自分の気持ちを出せるようになるまで、保育者は対人関係の練習台になっていきます。一度で解決ということはまずありません。次のときも叩いてかかわりを求めてくるでしょう。

保「どうしたの？」

A「（怒ったように）だっこして！」

保「だっこしてほしかったの？　じゃあそういうときはかわいくだっこしてって言っていいんだよ。その方が私も気持ちよくできるからね」

A「だっこしてー」

保「うん、いいよ。ぎゅー」

保育者自身も心地いい状態で練習台となる

この対応方法のポイントは、保育者が自己犠牲的に子どもの要求を受けていくのではない点です。受ける大人がムリなく受けられるポジティブな甘え方を導いてから要求に対応しています。

自己犠牲的に受ける方に頑張ると、子どもはその保育者に対して依存的な姿を強めてしまい、甘え方のポジティブな出し方には向かいません。関係というのは、つねに「相互」です。保育者もその子も相互に心地よいかかわりが獲得できるように、保育としての配慮のうえ援助をしていきます。

まず、保育者が対人モデルの練習台となることで、他者は信頼していいものという実感、自分は否定されず肯定される存在なのだという実感を、その子に経験させていきます。最初は身近な担当や担任保育士を相手に、そこからだんだんとその他の大人のことも信頼できるようにしていきます。また、大人とうまくかかわれるようになると、自然と友達関係の中でも安定的なかかわりができる方へと発展していきます。

最終的にこの練習台の対応が目指すところは、大人から見ても素直でかわいい甘えを多少なりとも獲得させ、それを家庭でも保護者に出せるようにしていくことです。それにより保護者の感じている、子育てにおける疲弊を少しでも軽減してきます。

ケース
2

つい手が出てしまう子

こうしてみる

行動に絞ったNO

ルールを説くのではなく、信頼関係を通した「私」を用いる

園庭で追いかけっこをしていると、わざとじゃまをしたり、保育者に砂を投げつけたり、叩いたり蹴ったりすることでかかわってくるといった行動を常日頃から示してくる子がいます。そうした行動は、幼児になるにつれ多くなるようです。年齢が上がってもそうしたかかわりになってしまっているケースは、人とのかかわり方のモデルそのものがそういう形になってきていると考えられます。

「それは、あぶないからやめてね」などと注意することで、その行動がなくなるのであればさして問題ではないでしょう。しかし、気になる子、対応の難しい子の場合はそうならないケースもあります。

その子は、大人とかかわりたいけれどもど

うかかわればいいかわからず、不適切なかかわり方を身につけてしまった状態にあります。これを安定したものに変えることが解決につながっていきます。

我慢でも注意でもない方法

まずは前提となる信頼関係の構築、再点検をしてみます。信頼関係が希薄な中ではこれからお知らせするかかわりはうまくいきません。普段からの信頼関係の構築にいつでも戻ってみてください。それは後退ではないので少しも恐れる必要はありません。具体的なスキルは1章を、全体を通した振り返りであれば「子どもとのかかわりに迷ったら」（p.119）を参照してください。


信頼関係がある程度構築されていれば、保育者も「私」として「そのかかわりはイヤです」と伝えます。その上で、「こうすると互いに心地よくかかわれるんだよ」と具体的に伝え示し、それをその場で実践していきます。

「砂をかけられるのは私は本当にイヤです」

「そういうときは、こっちだよー（追いかけて）と言っていいんだよ」などと伝えます。

その後、一緒に追いかける遊びを楽しむことで、それを良いものとして経験させていきます。

この対応のポイントは、その子の存在を否定する言葉（やめなさい！など）ではなく、砂をかけるという行動に絞ってNOを伝えることです。

NOを伝えた後に、園庭でのルールや「人の迷惑を考えなさい」といったモラルを付け足したくなりますが、それは逆効果です。子ども自身が考え行動する余地を奪ってしまいます。信頼関係を通した上での「私」を用いて、「砂をかけられて私はイヤな気持ちになった」ということを伝えるだけで十分なのです。

こうしてお互いにとって心地よいやりとりを交わすことで、NOで始まったとしても、最後には受容・肯定のかかわりとすることができます。

ケース
3

なかなかほめる点が見当たらない子

こうしてみる

ほめるではなく、認める

うまくいかない状態を書きとめて小さな変化に気づく

よく「子どもをほめて伸ばす」と言われます。しかし、ほめはたくさん使えばよいというものでもないのです。

　多くのほめは「○○できるあなたを私は肯定します」というメッセージです。「条件つきの肯定」です。少し意地悪な言い方をしてしまえば、ほめは「○○できないあなたを私は許容しません」という否定のメッセージになることすらあります。大人のあり方に敏感な子は低年齢であってもそこを感じとります。

　大人にほめてもらえることがその子にとって喜びになっていたとしても、ほめてもらうために頑張る、という意欲のもち方を強めることになります。保育が子どもの自立や主体的成長を目指すのであれば、ここには違和感をもつ必要があるでしょう。

子どもの成長のためにまず必要なのは、「○○できるあなたが好き」という条件付きの肯定ではなく、「あるがままのあなたが好きです」「あなたの存在を受け入れます」といった無条件の肯定です。これは存在の肯定、全面肯定と言い換えられます。

大人がほめて「○○できる子」を作るのではなく、子ども自身が自分に自信をもち、人を信頼し、安心してものごとに取り組み、そこでの自分なりの成長を自分で獲得していくことが大切です。

「認める」という小さな肯定

では、ほめで子どもの姿を作るのでなかったらどうかかわればいいのでしょうか。

まず知っておきたいのが、子どもは信頼する人に寄り添うような成長を示すことです。ほめではなく、「認める」というアプローチの方法を理解しておくと、優しい支配にならずにかかわっていけるでしょう。

いつも他児を押したり、遊びを壊したりする子を想定してみてください。こうした子をほめようと考えると、現実になかなかそういう場面は多くないですし、大人が頑張ってやったとしても無理やりほめるようなかかわりではしらじらしくなり、その子にも良い形ではなかなか伝わらないものです。しかし、「認める」ならばいくつものポイントが見えてきます。たとえば、「その服、似合うね」「カバンのそのキーホルダー、かわいいね」「あなたはすべり台好きなんだね」「あなたはみかん好きなんだね。僕も好きだよ」。

これらはどれも無理やりほめておだてになってしまっているのでもなく、「〇〇できるあなたが好き」というメッセージでもなく、ただ、そのあるがままを「認めて」いるだけです。つまり、ここにはウソも支配もありません。

こうして生活上のお世話や遊びを通して小さな肯定を積み重ねていきます。そうして作られるのは、その保育者への信頼です。地道な信頼関係を積み重ねてきたら、それまで対応の難しかった場面でも、「認める」が価値をもってきます。

少しも立派な行動ではないけれど

他児が遊んでいるおもちゃをいつも横から取ってしまう子の場面で見ていきます。

「良くない、やめさせなければ」「良くない、返させなければ」と介入してしまうのではなく、危険や収拾のつかない事態にならない限りにおいては、「さて、どうするのかな～」のように否定のニュアンスなしにおおらかに見守ってみます。

その子の行動、うまくいかない場面も含めて記録に書き留めていくといいでしょう。うまくいかない状態を恐れないでください。うまくいかない状態を客観的に見ることができて、はじめて成長したときのプラス部分が見えてくるのです。

正しい行動をとらせる干渉を頑張らずに、普段の信頼関係構築、肯定のかかわりを重視して見守っていくと、だんだんと変化が見えてきます。その変化は小さいので、規範的な子どもの姿を目指して考えていたら見落としかねません。

たとえば、取ったおもちゃを返さずにいたけれど、相手の子があきらめたあとで、こっそりその子の近くに置いていった、という行動が見られたらどうでしょうか。

ほめられるレベルではないけれど、奪いっぱなしだったことから比べると成長です。そこを認めてみます。「ああ、直接渡すことはできなかったけど、自分なりの行動を考えたのだなぁ」と。

近くに置いたといっても、投げて返すなど少しも立派な行動ではないこともあります。そこにいちいち注意、否定をする対応になってしまうと、その子は葛藤そのものをやめてしまいますので、ポジティブな面を見るようにします。「取ったのは良くないと感じたけれど、どう返せばいいかわからずに投げるという行動をとったようだ」のように。

肯定的なかかわりをほめに頼ってしまうと、こうした対応が難しい子との信頼のはぐくみ方に行き詰まってしまいます。子どもの行動の小さな変化を認めるという肯定の対応を積み重ねていくことで、その子自身が自分で安定的な行動をとれるように援助していくことができます。

また、この対応をとることでクラス全体に育っていくものがあります。それは、対人関係の問題にむやみと保育者が介入しないことから、子どもたち自身で友達とのトラブルを解決しようとする自立的な姿や、泣いている子をなぐさめる行動が現れるなどの社会性の発達です。

こうした対応を0歳児クラスから配慮することで、結果的に過干渉、依存を助長する問題を防ぐことができ、保育施設全体の保育の安定につながります。

ケース
4

慢性的にネガティブな行動をとる子

こうしてみる

肯定不足と信頼不足への手当てを優先させる

目先の良くない行動への否定をいったん保留する

おそらく多くの方が、他児を攻撃したり、遊びを壊したり、危険な行動への制止がきかないなど、慢性的にネガティブな行動をとる子どもの対応に困ったことがあるでしょう。
注意し、説得しても、怒っても、叱っても安定化しない。こういう状況で対応の方策がなくなると、注意をどんどん強くしていったり、その子を排除する対応をとったり、逆に保育者が自己犠牲的に我慢してその行動を受けつづけたりするしかなくなる現実を見ます。
ネガティブな行動の背景にはさまざまな要素があり、発達状況や発達上の個性の理解など、個別的に問題をとらえる視点は大切にする必要があります。ですが、慢性化しているネガティブな行動の根っこには、肯定不足と大人への信頼感の低下というふたつの問題がほとんどのケースでかかわっています。

そうした問題に対して、ひとつスキルとしてもっておいてほしい対応の方法があります。それを僕は包括的受容《ほうかつてきじゅよう》と名づけました。ここでの包括は「包み込む」というニュアンスです。つまり「包み込んで受容する」。では、なにを「包み込む」のでしょう？

それはネガティブな行動をも包み込んでしまうのです。通常ですと、ネガティブな行動に対して大人に求められるのは、注意したり、ことの是非を教え込んで正しい行動をとらせようとするアプローチです。その感覚でその子にかかわっていくと、そのほとんどがその子にとって否定のメッセージとなります。

肯定不足と大人への信頼感の低下という原因に対して、否定のメッセージを出しつづけたら、解決になるどころか火に油を注ぐことにしかなりません。

包括的受容は、子どもの行動の根っこに目を向けて、そこに手を当てていきます。

目先の問題をいったん保留する

他児とトラブルになり相手の遊びを壊そうとしているＡ君を見た場面です。
保「どうしたの～？」

A「○○だから、△△だったんだー」（主張や言いわけ、泣きやゴネなど）
保「ああ、そうだったんだね。ちょっとこっちに来てください」
（ひざに乗せて抱きしめたり、ハグしたり、スキンシップを使い受容と肯定を作る）
A（しばらくじっとしている）
保「はい、じゃあ私が見守っているから、安心してまた遊びに行ってらっしゃい」
（その後も肯定的な目線で見守りつづける）

否定しなければならない目先の問題をいったん保留して、存在そのものを肯定するアプローチから始めるのが包括的受容です。そこからようやく安定化を目指した積み重ねがスタートできます。

もちろん、これで全てが解決するわけでなく、あくまでこの方法はその子の対応のはじめの一歩を作る行為です。この包括的受容で小さな信頼関係を築き、そこからさらに受容・肯定のかかわりをつづけることで、少しずつ安定的な姿へと援助していくことができます。

子どもとのかかわりに迷ったら

1～4章では、さまざまな角度から、保育者と子どもが信頼関係をはぐくむことについてお伝えしてきました。ここでは、本書のエッセンスを、受容、安心、肯定のかかわり、肯定的雰囲気、日々の生活、積極性の6つの柱でまとめます。

信頼関係は、しばしば漠然としており、気持ちの問題とみなされがちですが、そこを言語化してまとめました。子どもとのかかわりに迷ったときの指針となれば幸いです。

受容

受容には広い意味があります。子どもを受け止め、許容していくこと。甘えを受け止めること。子どもの姿のあるがままをそのまま受け止めること。とくに、否定的にジャッジせず受け止めることは重要です。

「甘やかすな」という価値観が不適切なものであることはコラム3で述べましたが、甘えを受け止めることと甘やかすという見方は混同されがちです。

大人でもそうですが、子どももたくさんの弱さを抱えています。つらいと思うこと、自信のないこと、さまざまな不安、保育ですから当然家庭から離れている不安もあります。

信頼する大人にこうした弱さを受け止め、寄り添ってもらえることで、子どもは自分への自信や自己肯定、他者への信頼、他者への優しさなどを形成していきます。そうした弱さ、つまり甘えを受け止めてもらうことは人が生きていく基礎としてとても大切なことです。

保育は、その基礎から子どもにかかわっています。個々の子が必要とするだけ甘えを受け止めてあげてください。ただ、依存が助長されない範囲でバランスを取る視点も必要です。

そのポイントのひとつは、保育者が自己犠牲で甘えを受け止めるのではない点です。ムリと思うこと、理不尽な要求、自身がしんどさを我慢しなければならないようなものなどは頑張って受けなくてもいいのです。ここを理解しておかないと、子どもの要求を保育者が疲弊しながら受けつづける方に行き、疲弊からの対応の限界、その子の過剰な依存という問題が大きくなってしまいます。

安心

子どもは自分を安心させてくれる人を信頼します。大人でもそうですね。保育の基礎は日々、子どもたちに安心を担保していくことです。

では、どうすれば安心をつくっていけるのでしょう。いつも過干渉な人、否定のかかわりをする人がいたら安心できるでしょうか。できないですよね。ですのでその逆を配慮してみます。

否定しないおおらかなスタンスをもって見守ってくれる人が存在していることは、子どもにとって大きな安心になります。必要に応じて必要な対応や世話をしてくれる人、もちろんそれは肯定的あり方で。これも子どもにとって安心になります。最近ではとくにこうした部分をピックアップして「応答性」といった名前で取り上げられることも出てきました。

自分のことを常に見守っていてくれる。これも大きな安心です。見守りは保育のスキルとしてなかなか認識されづらい部分ですが、ここに配慮をもって取り組めるかどうかで、子どもたちの姿は大きく変わってきます。

肯定のかかわり

肯定を積み重ねていくことは、信頼関係形成の大きなポイントです。肯定とひとくちに言われますが、さらに具体的に見ていきましょう。

●共感

「うれしいね」「楽しいね」「きれいだね」「すてきなのできたね。なに作ったの？　うん、そうなんだ。いいね」

こうした感情の言葉や子どもが達成感を得ているときにそれを一緒に喜ぶといった感情の交流が子どもへの共感としてはたらいています。共感はそのままその人にとっての肯定となります。

●言葉

ここでの言葉とは、子どもにかける直接の肯定の言葉です。

「かわいいね」「今日も来てくれてうれしいよ」「会いたかったよ」「大好きだよ」

●スキンシップ

さまざまなスキンシップも肯定のかかわりになります。顔遊び、手遊び、くすぐり遊び、ハグ、手をつなぐ、頭をなでる、隣に座るなど。

肯定の姿勢をもってかかわることで、日常のなにげないことも、その子にとっての肯定のかかわりとなっていきます。

●まなざし

「安心」のところでも見守りが出てきましたが、大人からのあたたかで許容的なまなざしは、それ自体が子どもにとってとても大きな肯定です。保育として配慮をおけるかどうかでさらに大きな違いが出てきます。

● 寄り添い

大人からの寄り添う姿勢そのものが、あたたかで許容的であると肯定のかかわりになります。それをふまえると、オムツ替え、着脱、食事……園での日常のどのシーンにも肯定のかかわりを含めていくことができます。

肯定的雰囲気

人間は不思議なことに黙っていても雰囲気をかもしだし、周囲の人もそれを感じとることができます。端的なところでは、たとえばイライラしている人がいると、周りにいる自分もいたたまれない気持ちや不安になったり、同調してイライラしてしまったりすることがありますね。

子どもたちもそれを感じます。保育者も人間ですので自分を偽る必要は必ずしもありませんが、おおらかで肯定的な雰囲気を意識することは、子どもの安心感につながり、それは子どもにとって肯定としてはたらきます。
1章で紹介した「開示された姿勢」とも共通するところがありますね。

日々の生活

保育は生活を基礎としています。その生活上のかかわりをあたたかで許容的なものとして行うか、機械的にこなさなければならないルーティンととらえるかで子どもたちの受けとるものはまったく変わってきます。

ここに子どもへの肯定的な配慮をおけば、なにげない日常の生活のことがらも、個々の子どもにとって大きな肯定として作用します。

積極性

みなさんもサプライズで誰かからプレゼントをもらうとうれしいですよね。あらかじめわかっている場合と、サプライズでなんの違いがあるかというと、サプライズにはその人が私のことを積極的に思ってくれている気持ちを大きく感じるからでしょう。

子どもも同様です。大人の方から積極的に関心をもってかかわってくれるときに、はじめて十分な肯定を感じます。とくに大人への信頼が希薄になってしまっている子は、大人が自分に対して積極さをもったかかわりでないと満足できません。

ですので、子どもが自分から要求して大人にそれをかなえてもらっても、子どもにはなかなか響きません。大人の方からという姿勢がとても重要なのです。

ですので、ここで挙げたスキンシップや、肯定の言葉など、大人の側から進んですることを配慮におくと、さらに肯定のかかわりの密度が濃くなります。ここをふまえていると短時間でも子どもとのかかわりが深まります。やってやってとせがまれて対応するところを頑張るよりも、自分に余裕がないときは断っていいので、少しでも自分の方から「いま時間があるから一緒に手遊びしようか」などと意図して積極的にかかわっていくと、関係が安定します。その積極的な姿勢自体が配慮なのです。

また、「受容」のところで伝えたように、保育者の側が疲弊におちいる自己犠牲的なかかわりにならないためにも、意図的に保育者の側からかかわる姿勢は大切になります。

須賀 義一（すが よしかず）

1974年生まれ。大学卒業後、人間に携わる仕事を志し保育士資格を取得。公立保育園勤務の後に退職し、現在は子育てアドバイザーとして育児相談、子育ての講演やワークショップ、保育士研修、保育施設監修をおこなっている。従来の子育てや保育を見直し、個々を尊重したかかわりを提案している。
二児の父でもあり、保育士としての経験を生かした子育てブログ「保育士おとーちゃんの子育て日記」が多くの人の支持を得る。著書に『保育士おとーちゃんの「叱らなくていい子育て」』『保育士おとーちゃんの「心がラクになる子育て」』（ともにPHP研究所）がある。

ホームページ　https://hoikushioto-chan.jimdofree.com
ツイッターアカウント　@hoikushioto

保育が変わる
信頼をはぐくむ言葉とかかわり

2023(令和5)年3月13日 初版第1刷発行
2024(令和6)年4月2日 初版第3刷発行

著者	須賀 義一
発行者	錦織 圭之介
発行所	株式会社東洋館出版社
	〒101-0054
	東京都千代田区神田錦町2丁目9番1号
	コンフォール安田ビル2階
電話	(代 表)03-6778-4343 FAX03-5281-8091
	(営業部)03-6778-7278 FAX03-5281-8092
振替	00180-7-96823
URL	https://www.toyokan.co.jp

装丁・本文デザイン	小口 翔平+須貝 美咲+青山 風音(tobufune)
装画・本文イラスト	くにとも ゆかり
印刷・製本	岩岡印刷株式会社

ISBN978-4-491-05092-8